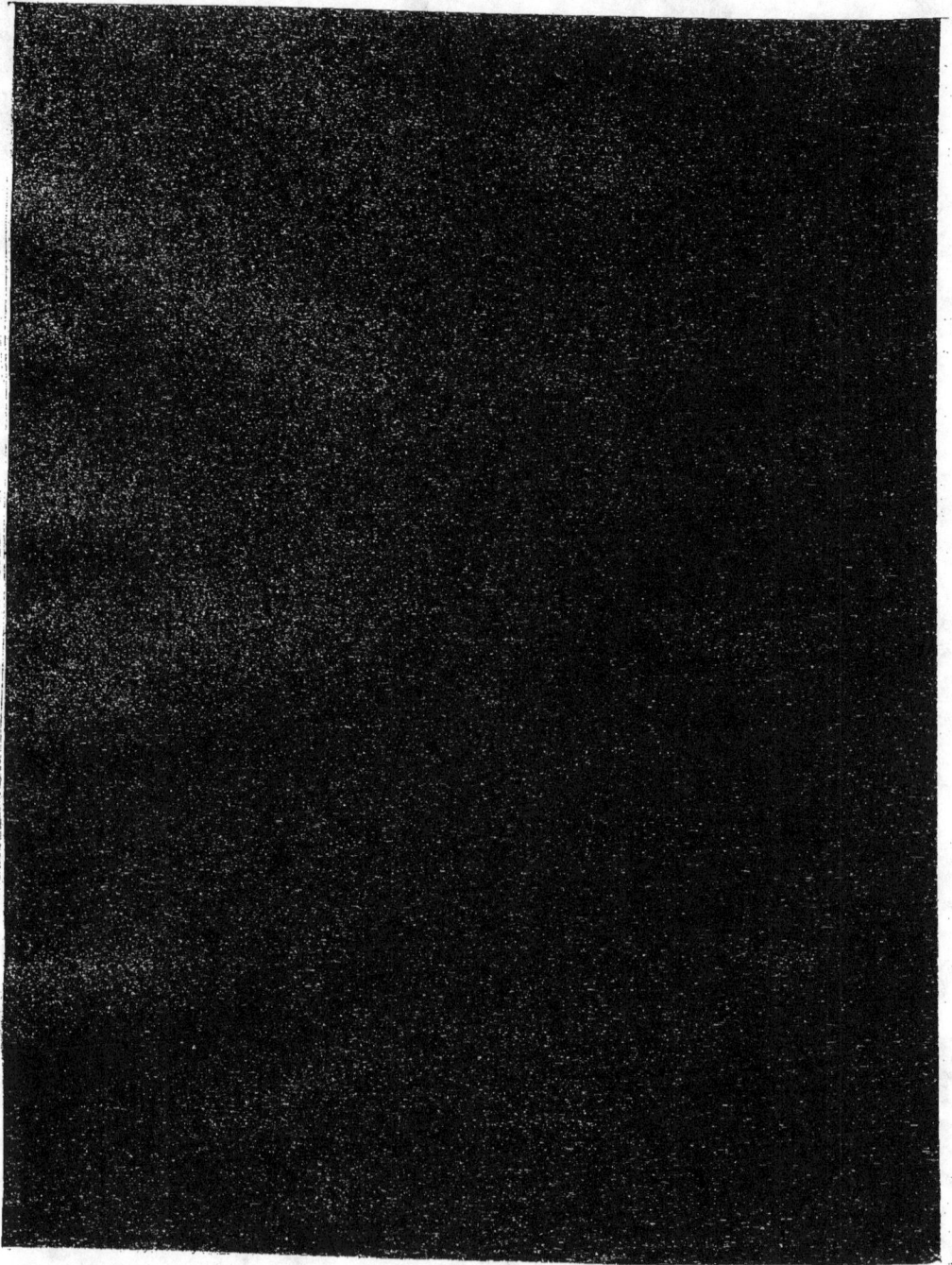

SIX TABLEAUX
DE DÉSINENCES

DES VERBES EN ω ET EN μι;

PAR J.-B. GAIL,

Chevalier de la Légion-d'Honneur et de l'Ordre de St.-Wladimirs
Lecteur et Professeur royal, de l'Académie royale des Inscriptions
et Belles-Lettres, Conservateur des Manuscrits grecs et latins de la
Bibliothèque du Roi, ancien Professeur d'Histoire à l'École royale
militaire, des Académies de Goettingue, Marseille, etc.

PRIX, 60 CENTIMES.

PARIS,

CHEZ {
Ch. GAIL, Neveu, au Collége royal, place Cambrai.
DELALAIN, Imprimeur-Libraire, rue des Mathurins.
Saint-Jacques.
TREUTTEL et WURTZ, à Paris, à Strasbourg et à
Londres.
}

1819.

Ces Tableaux des verbes, d'une belle exécution typogra-
phique, se placent à la fin du *Philologue*, n°. 1, an 1819. Ils
sont déjà connus de divers Instituteurs, qui ont demandé,
1°. qu'on pût se procurer séparément *ces tableaux des verbes*;
2°. qu'on en fît de semblables *pour les noms*. On se propose
de répondre à cette invitation.

IMPRIMERIE DE FAIN, RUE DE RACINE, PLACE DE L'ODÉON.

TABLEAUX

DES TERMINAISONS OU DÉSINENCES

DU VERBE EN Ω

ET DU VERBE EN MI.

Nota. Depuis que ces Tableaux des désinences sont terminés, il m'a semblé très-utile d'en présenter de nouveaux qui, sans faire perdre de vue les désinences, offrissent, en ajoutant deux lettres seulement, un verbe conjugué en entier. On devine que je veux parler de τιω, verbe trilitaire (c'est-à-dire de trois lettres), simple et bien plus facile que τιθημι, dont les nombreuses difficultés effraient les commençans. L'un de mes auditeurs, M. Frémont, instituteur, savant grammairien, m'a beaucoup aidé dans la confection des nouveaux Tableaux; lesquels commencent à la page xiij.

MODES.

TEMPS.	INDICATIF.			IMPÉRATIF.		OPTATIF.		
Présent	S. ω[3],	εις[2],	ει[3].	ε,	ετω.	οιμι[7],	οις,	οι.
	P. ομεν[4],	ετε,	ουσι[5].	ετε,	ετωσαν[6].	οιμεν,	οιτε,	οιεν.
	D.	ετ0ν,	ετ0ν.	ετον,	ετων.	οιμην,	οιτην,
Imparfait	S. ον,	ες,	ε.				
	P. ομεν,	ετε,	ον.	Hors de l'indicatif, l'imparfait, dans		
	D.	ετ0ν,	ετην.				
Parfait	S. α[**],	ας,	ε.	ε,	ετω.	οιμι,	εις,	οι.
	P. αμεν,	ατε,	ασι.	ετε,	ετωσαν.	οιμεν,	οιτε,	οιεν.
	D.	ατ0ν,	ατην.	ετον,	ετωρ.	οιμην,	οιτην.
Plusque-Parfait	S. ειν,	εις,	ει.				
	P. ειμεν,	ειτε,	εισαν[8].	Hors de l'indicatif, le plusque-parf.		
	D.	ειτ0ν,	ειτην.				
Aoriste	S. αα,	σας,	σε.	σον,	σατω.	σαιμι,	σαις,	σαι.
	P. σαμεν,	σατε,	σαν.	σατε,	σατωσαν.	σαιμεν,	σαιτε,	σαιεν.
	D.	σατ0ν,	σατην.	σατον,	σατων.	σαιτην,	σαιτην.
Futur	S. σω[9],	σεις,	σει.			σοιμι,	σοις,	σοι.
	P. σομεν,	σετε,	σουσι.	Caret.		σοιμεν,	σοιτε,	σοιεν.
	D.	σετ0ν,	σετ0ν.			σοιτην,	σοιτην.

Avec ce tableau des terminaisons, on peut conjuguer tous les verbes possibles. Ainsi, avez-vous τίω, je paye; λεγω, je dis; γραφω, j'écris, prenez tout ce qui précède la terminaison, c'est-à-dire, les radicaux τι, λεγ, γραφ, et conjuguez, ayant égard à la règle des augmens pour les temps qui prennent l'augment. Ici toutes les terminaisons sont rigoureusement indiquées. Dans la conjugaison de τύπτω, je n'ai pu les conserver toutes à cause des lettres doubles. Ainsi, dans τύψω, et dans τύψομαι, la terminaison n'est pas ω, ομαι, mais σω, σομαι. — Sur ce tableau on commencera par conjuguer τίω, honoro, verbe trilitaire (c'est-à-dire de trois lettres), et par conséquent un des verbes les plus simples. Le radical de τίω, est τι. On joindra donc τι à toutes les terminaisons du tableau, et l'on se ressouviendra des règles de l'augment et du redoublement. De τίω on passera à τύπτω.

* Nous plaçons le duel le dernier, parce qu'il sort du pluriel. Le duel est d'ailleurs si rarement employé, qu'on pourroit n'en pas embarrasser les commençans. — Les deux dernières personnes du duel ne sont semblables, que quand la dernière du pluriel se termine en σ, ou en ται; autrement la 3.ᵉ du duel est en την. Un coup-d'œil sur le tableau convaincra de la vérité de ce principe. Le duel n'a point de première personne, quand la première personne du pluriel se termine en μεν; on se sert alors de celle du pluriel.

** Je donne α pour terminaison du parfait; mais, dans la vérité, le parfait est susceptible de trois terminaisons, κα, χα, φα. Voyez liv. III, ch. 2, et sur-tout p. cciv sq. de ma Notice littéraire.

¹ On a dit ω, je suis, ou εω, ου εσω, εσω, εσμι, formes plus alongées. — ² Εις, Dor. ες; d'où en latin es, et le françois, tu es. — ³ Ει, Dor. ι, Éol. ν. — ⁴ Ομεν, Dor. ομες. — ⁵ Ουσι, Éol. et Dor. εντι; Dor. οισι ou οισι. Ainsi τύπτοισι, verberant, σαζοισι, stillant. Voyez Port-Royal, p. 442; Wellers p. 126. J'ai dit εντι Éol. et Dor. Voyez Théocr. Id. XV, 58, note du schol. grec. — ⁶ Ετωσαν, Att. οντων. Cette remarque a aussi lieu pour la 3.ᵉ pers. plurielle du parf. impér. A la 3.ᵉ pers. plur. de

Subjonctif.	Infin.	Participe.				Observations.

(Tableau de conjugaison grecque)

À l'indicatif, quatre terminaisons: ω pour le présent et le futur; ον pour l'imparfait; α pour l'aor. et le parf.; ειν pour le plusq.-parf. — À l'impératif, deux terminaisons : ε, ετω; ον, ατω. Bien remarquer la terminaison ον, qui arrête tous les commençans. À l'optatif, οιμι. L'aor. optatif garde l'α de l'indicatif. — Au subjonctif, ω et ω. — À l'infinitif, quatre terminaisons : ειν pour le présent, ειν au futur, εναι au parfait, αι à l'aor. — Au partic., quatre terminaisons : ων au présent, ων au futur, ως au parfait, ας à l'aor.

Le 1.er aor. est un véritable imp.; le second, un prés. contracté. Nous n'en parlons point ici; mais nous les conservons dans les nouveaux Tableaux.

... est entièrement conforme au présent.

... est entièrement conforme au parf.

Caret.

---

aor. les Attiques disent, ... — [7] L'optatif a toujours une diphthongue. — [8] Εριται, ou εοιτι, Att. ainsi, ... ou ... au lieu de ..., Thuc. VI, 58, 2. — [9] Σω, Dor. ξω.

[10] Le subjonctif change la voyelle brève de l'indicatif en sa longue, et souscrit ι à la seconde et à la troisième personne du singulier.

Tous les participes actifs sont de la cinquième déclinaison pour le masculin et le neutre; ils sont de la seconde pour le féminin; le neutre change la voyelle longue du masculin en sa brève.

La 1.re personne du singulier et la 3.e du pluriel sont semblables, à l'imparfait et au second aoriste. — Pour la formation de l'imparfait et des autres temps, voy. ma Gramm. liv. III, ch. 3; et p. ccciv sq. de ma Notice litt. — Pour la véritable signification des temps, voy. ma Gr. l. III, ch. 1.

À l'aoriste, analogie du futur : σ figurative commune à ces deux temps; à l'optatif aor. on dit, σαιμι et σιαι, σαιας, σαι, forme épl. adoptée même par les Attiques. Quelquefois l'aoriste n'a point le σ; ce qui arrive ordinairement quand son futur n'en a pas. Presque toujours, dans sa terminaison, l'aoriste suit la destinée du futur. Voy. ma Gramm. gr. l. III, ch. 2, et ma Notice litt. p.ccciv sq.

[a] Ης, Éol. ησθα. — [b] Η, Ion. ησι. — [c] Ωμεν, Dor. ωμες. — [d] Ωσι, Dor. ωντι. — [e] Εν, Éol. ην; Dor. ην; ... εμεν; αειν, contr. ην; εειν, contr. ειν; όειν, contr. ουν. — [f] Σαι, Dor. σαμαι. — [g] Σειν, Dor. σιμεν et σιμεναι; — [h] Ων, nomin. primitif οντς (Voy. Gramm. l. II, ch. 11), d'où le génit. οντς; nomin. plur. οντς, d'où le datif plur. οντσι. Otez la nasale ν et τ, vous aurez οισι, et par contr. ουσι. — [i] Ουσαι, Éol. σοισα et εουσα. — [k] Ως, gén. οτς, nomin. plur. οτς, d'où le datif plur. οτσι. En ôtant la dentale τ, vous aurez οισι; ensuite vous direz οσι et non ουσι. Le principe de contraction ne reçoit point ici son application. Voyez liv. II, ch. 11. — [l] Σας (Éol. σαις), et primitif σαντς, d'où le génitif σαντος, datif pluriel σαντσι, σασι-σασι. — [m] Σων, génitif σοντς, datif plur. σοντσι, σοσι-ουσι.

MODES.

TEMPS.	INDICATIF.			IMPÉRATIF.		OPTATIF.		
Présent.	S. ομαι,	εσαι,	εται.	εσο,	εσθω,	οιμην,	οιο,	οιτο.
		σαι (Attiq. ει).		εσο (ευ, Ion.)			οιο.	
				ου,				
	P. ομεθα,	εσθε,	ενται.	εσθε,	εσθωσαν,	οιμεθα,	οισθε,	οιντο.
	D. ομεθον,	εσθον,	εσθον.	εσθον,	εσθων.	οιμεθον,	οισθον,	οισθην.
Imparf.	S. ομην,	εσο,	ετο.		Hors de l'indicatif, l'imparfait, dans tous se			
	P. ομεθα,	εσθε,	οντο.					
	D. ομεθον,	εσθον,	εσθον.					
Parfait.	S. μαι,	σαι,	ται.	σο,	σθω,	μην,	ο,	το.
	P. μεθα,	σθε,	νται.	σθε,	σθωσαν,	μεθα,	σθε,	ντο.
	D. μεθον,	σθον,	σθον.	σθον,	σθων.	μεθον,	σθον,	σθην.
Plusq.-P.	S. μην,	σο,	το.		Hors de l'indicatif, le plusque-parfait, dan			
	P. μεθα,	σθε,	ντο.					
	D. μεθον,	σθον,	σθην.					
1. Aoriste.	S. θην,	θης,	θη.	θητι,	θητω.	θειην,	θειης,	θειη.
	P. θημεν,	θητε,	θησαν.	θητε,	θητωσαν.	θειημεν,	θειητε,	θειησαν.
	D.	θητον,	θητην.	θητον,	θητων.		θειητον,	θειητην.
2. Aoriste.	S. ην,	ης,	η.	ηθι,	ητω.	ειην,	ειης,	ειη.
	P. ημεν,	ητε,	ησαν.	ητε,	ητωσαν.	ειημεν,	ειητε,	ειησαν.
	D.	ητον,	ητην.	ητον,	ητων.		ειητον,	ειητην.
1. Futur.	S. θησομαι,	θησεσαι,	θησεται.			θησοιμην,	θησοισο,	θησοιτο.
	P. θησομεθα,	θησεσθε,	θησονται.	Caret.		θησοιμεθα,	θησοισθε,	θησοιντο.
	D. θησομεθον,	θησεσθον,	θησεσθον.			θησοιμεθον,	θησοισθον,	θησοισθην.
2. Futur.	S. ησομαι,	ησεσαι,	ησεται.			ησοιμην,	ησοισο,	ησοιτο.
	P. ησομεθα,	ησεσθε,	ησονται.	Caret.		ησοιμεθα,	ησοισθε,	ησοιντο.
	D. ησομεθον,	ησεσθον,	ησεσθον.			ησοιμεθον,	ησοισθον,	ησοισθην.
3. Futur.	S. σομαι,	σεσαι,	σεται.			σοιμην,	σοισο,	σοιτο.
	P. σομεθα,	σεσθε,	σονται.	Caret.		σοιμεθα,	σοισθε,	σοιντο.
	D. σομεθον,	σεσθον,	σεσθον.			σοιμεθον,	σοισθον,	σοισθην.

¹ ου {μενος / μεναι / μενα} εισι. ² ου S. μεν ος, η, ον, ειην, ειης, ειη. ³ ου S. μεν ος, η, ον, ω, ης, η.
P. μεν οι, αι, α, ειημεν, ειητε, ειησαν. P. μεν οι, αι, α, ωμεν, ητε, ωσι.
D. μεν ω, α, ω, ειητον, ειητην. D. μεν ω, α, ω, ητον, ητην.

⁴ ου {μενοι / μεναι / μενα} νοσι.

I. L'impératif passif a deux terminaisons, σο, σθω, pour les temps en μαι, et en μην; θητι, θητω, ηθι, ητω, pour ceux en ην. A l'aoriste 1, vous avez θη par un τ, au lieu de θι, qui est régulier, parce que les Grecs évitent l'aspiration dans deux syllabes de suite. Nous avons des impératifs terminés en ς. Ainsi à l'aor. 2, impératif actif de τιθημι, διδωμι, ιημι, mitto, vous dites θες, δος, ες, au lieu de θεθι, δοθι, εθι, terminaison imitée par εχς habeto, ειπονς dicito, φερς ferto. On pourroit donc poser en principe qu'il y a, à l'impératif, non pas une, mais deux terminaisons pour les temps en ην; la première en θητι, θητω; θηθι, ητω, comme τυφθητι, τυφθητω; τυπηθι, τυπητω; ιτι, ιτω, comme θες, θετω, au lieu de θεθι, θεθω. Au reste, on pourroit dire qu'à la rigueur θι est la véritable terminaison de l'impér. des temps en ην. Dans la conjugaison de τυπτω, nous avons au 2.ᵉ aor., τυφθητι par un τ et

SUBJONCTIF.	INFINITIF.	PARTICIPE.			OBSERVATIONS SUR LE PASSIF.
ωμαι, ηται	εσθαι.	N. ομεν	ος, η, ον.		Deux terminaisons sont à remarquer:
ῃ,	αεσθαι–εασθαι	G. ομεν	ου, ης, ου.		μαι, σαι, ται, } Pour le présent,
ηδε, ηδε,	οεσθαι–ουσθαι	D. ομεν	ῳ, η, ῳ.		μεθα, σθε, νται, } le parfait
ηδον, ηδον.	et εσθαι.				μεθον, σθον, σθον; } et les futurs;
...odes, est entièrement conforme au présent.					μην, σο, το, } Pour l'imparfait,
ωμαι, ηται	σθαι.	N. μεν	ος, η, ον.		μεθα, σθε, ντο, } le plusque-parfait
ηδε, ηδε,		G. μεν	ου, ης, ου.		μεθον, σθον, σθην. } et l'optatif.
ηδον, ηδον.		D. μεν	ῳ, η, ῳ.		Les terminaisons θι et σι, selon quelques savans, sont des imparfaits du verbe en μι.
...ses modes, est entièrement conforme au parfait.					Remarquez la lettre σ à toutes les secondes personnes du singulier, et même à toutes les secondes personnes du pluriel, excepté aux aoristes. — Dans τέτυψαι parfait passif,
ῃς, θῃ.	θηναι.	N. θεις	θεισα, θεν.		et dans τέτυψο, plusque-parfait, vous ne voyez pas de σ. Cette lettre disparoît dans
ῃτε, σθε.	Dor. θημεναι.	G. θεντος	θεισης, θεντος.		les terminaisons non pures, c'est-à-dire qui seroient précédées d'une consonne: principe
σθωτε, σθων.		D. θεντι	θειση, θεντι.		fondé sur les lois de l'harmonie. Τέτυψαι est pour τέτυπσαι. D'après ces lois de l'har-
ῃς, η.	ηναι.	N. εις	εισα, εν.		monie, on dira, par circonlocution, τετυμμενος ἐστι, pour τέτυπμαι, τετυμμενοι εἰσι, pour
ητε, ωσι.		G. εντος	εισης, εντος.		τέτυπθε. Quand vous avez τέτυψε, σαι, qui
σθων, ητον.		D. εντι	εισῃ, εντι.		fait τέτυψε à la troisième personne du sing.; vous dites à la troisième du plur. τέτυψαι,
Caret.	θησεσθαι.	N. θησομεν	ος, η, ον.		parce que l'oreille n'est point blessée. Le principe de la troisième personne du plur.
		G. θησομεν	ου, ης, ου.		n'est pas de rigueur. On dit, τέτυπται et τετύφαται
		D. θησομεν	ῳ, η, ῳ.		ται, λελειπται et λελείφαται ται.
Caret.	ησεσθαι.	N. ησομεν	ος, η, ον.		
		G. ησομεν	ου, ης, ου.		
		D. ησομεν	η, η, ου.		
Caret.	σεσθαι.	N. σομεν	ος, η, ον.		
		G. σομεν	ου, ης, ου.		
		D. σομεν	η, η, ου.		

...on par un θ, parce que les Grecs souffrent rarement l'aspiration dans deux syllabes de suite: A l'impér. présent actif du verbe en μι, nous avons encore θι ou π pour terminaison : ainsi ἴσθι, de ἴθημι; ἵσταθι; ἴσταμι; δίδωθι, de δίδωμι; ζεύγνυθι, de ζεύγνυμι. Pourquoi dans ἵσταθι, δίδωθι, ζεύγνυθι, impératifs actifs, et dans τύφθητι, τύπηθι, impérat. passifs, avons-nous une même terminaison! C'est, nous disent des érudits, que les aoristes passifs ne sont, dans la vérité, que des imparfaits actifs du verbe en μι.

II. Tout temps en μαι ou μην, fait son optat. en μην, excepté le parf. quand il n'est pas à l'indic. terminé en ται pur ; car alors il prend son participe avec εἴην, optatif d'εἰμι. — Les temps en ην font ειην.

III. Tout temps en μαι ou en μην, fait son subjonct. en ωμαι, ησαι, ηται. Les temps en ην, ont le subj. en εω, puis ω, contr. de l'Ion. εω.

IV. L'infinitif a deux terminaisons, θαι et ηναι. Les temps en μαι et μην, font leur infinitif de la seconde pers. du plur. de l'indic. en changeant ε en αι. Les temps en ην ne font qu'ajouter αι, en ôtant l'augment, qui, le parfait excepté, ne va jamais au-delà de l'indicatif.

*Voy. (dans ma Gramm. gr. l. III, c. 3, formation du passif) la cause de cette irrégularité apparente.

MODES

TEMPS.	INDICATIF.			IMPÉRATIF.		OPTATIF.		
Présent....	S. ομαι,	εσαι,	εται.	εσο,	εσθω.	οιμην,	οισο,	οιτο.
		σαι (Att. ει).		εο,			οιο,	
		η.		ευ (Ion. ευ).				
	P. ομεθα¹,	εσθε,	ονται.	εσθε,	εσθωσαν.	οιμεθα,	οισθε,	οιντο (Ion. οιατο)
	D. ομεθον,	εσθον,	εσθον.	εσθον,	εσθων.	οιμεθον,	οισθον,	οιαθην.
Imparfait...	S. ομην,	εσο,	ετο.					
		εο,						
		ου,						
	P. ομεθα,	εσθε,	οντο².		Hors de l'indicatif, l'imparfait, dans tous ses			
	D. ομεθον,	εσθον,	εσθην.					
Parfait.....	S. α,	ας,	ε.	ε,	ετω.	οιμι,	οις,	οι.
	P. αμεν,	ατε,	ασι³.	ετε,	ετωσαν.	οιμεν,	οιτε,	οιεν.
	D.	ατον,	ατον.	ετον,	ετων.		οιτον,	οιτην.
Plusq.-Parf..	S. ειν⁴,	εις,	ει.					
	P. ειμεν⁵,	ειτε,	εισαν⁶.		Hors de l'indicatif, le plusque-parf., dans tous			
	D.	ειτον,	ειτην.					
Aoriste	S. σαμην,	σασο,	σατο.	σαι,	σασθω.	σαιμην,	σαισο,	σαιτο.
			σω,				σαιο.	
	P. σαμεθα,	σασθε,	σαντο.	σασθε,	σασθωσαν.	σαιμεθα,	σαισθε,	σαιντο, Ion. σαιατο.
	D. σαμεθον,	σασθον,	σασθην.	σασθον,	σασθων.	σαιμεθον,	σαισθον,	σαισθην.
Futur......	S. σομαι,	σεσαι,	σεται.			σοιμην,	σοισο,	σοιτο.
	P. σομεθα,	σεσθε,	σονται.		Caret,	σοιμεθα,	σοισθε,	σοιντο, Ion. σοιατο.
	D. σομεθον,	σεσθον,	σεσθον.			σοιμεθον,	σοισθον,	σοισθην.

¹ Dor. ομεσθα. — ² Dor. οατο. — ³ Dor. ατι. — ⁴ Att. ην ou εα. — ⁵ Att. ημεν ou εαμεν; ειμεν,
Dor. εμες. — ⁶ εσαν, Att. εσαν.

SUBJONCTIF.			INFINITIF.	PARTICIPE.
μαι,	ηαι,	ηται,	εσθαι.	N. ομεν ος, η, ον.
	ναι,		αεσθαι-ασθαι.	G. ομεν ου, ης, ου.
	η,		εεσθαι-εισθαι.	D. ομεν φ, η, φ.
μεθα,	νοθε,	ωνται	οεσθαι-ουσθαι,	
		νοθον, νοθον.	et ωσθαι.	

modes, est entièrement conforme au présent.

	ης,		η, 1. ησι. εναι.	N. ως, υια, ος.
ιμι	ητι,	ωσι.		G. οτος, υιας, οτος.
	ητοι,	ητον.		D. οτι, υια, οτι. [7]

modes, est entièrement conforme au parfait.

μαι,	σηαι,	σηται.	σεσθαι.	N. σομεν ος, η, ον.
	σαι,			G. σομεν ου, ης, ου.
σομεθα,	νοθε,	σωνται.		D. σομεν φ, η, φ.
	σοθον,	σοθον.		

Caret.			σεσθαι.	N. σομεν ος, η, ω
				G. σομεν ου, ης, ου.
				D. σομεν ω, η, φ.

[7] Dat. plur. οτισι, οισι, οσι, et non ουσι. Ici le principe de contraction n'a pas son application.

OBSERVATIONS.

La voix moyenne se forme des voix active et passive. *Voyez*, sur le moyen, Gramm. grecq. liv. III, ch. 1.

Cette voix prend du passif la terminaison en μαι pour ses présent et futur, et celle en μην pour son imparfait et son aoriste. Le second aoriste est, selon quelques savans, un véritable imparfait. Son parfait et son plusque-parfait prendront α, ει, comme à l'actif. Ainsi, nulle difficulté sur cette voix, pour qui est familiarisé avec les voix active et pass.

A la seconde personne du présent indicatif, nous avons indiqué la terminaison attique ει : ainsi, βουλομαι, je veux, seconde pers. βουλει ; οιμαι, je pense, οιει ; οψομαι, je verrai ; οψει ; ειμαι, je irai, ει, et par contraction, ει.

L'aoriste impératif ευξαι, fait ici exception au principe que tout temps en μαι ou en μην prend σο à l'impératif.

			MODE							
VERBES en μι, formés	TEMPS.		INDICATIF.			IMPÉRATIF.			OPTATIF.	
de ΑΩ.	Présent.	S.	αμι[1],	ας,	αοι[2].	αθι[4],	ατω.	αιην[6],	αιης,	αιη,
		P.	αμεν,	ατε,	αοι[3].	ατε,	ατωσαν[5].	αιμεν,	αιτε,	αιησαν.
		D.		ατον,	ατην.	ατον,	ατων.		αιητον,	αιητην.
	Imparfait.	S.	αν,	ας,	α.					
		P.	αμεν,	ατε,	ασαν[8].	Hors de l'indicatif, l'imparfait, dans tous					
		D.		ατον,	ατην.						
de ΕΩ.	Présent.	S.	ημι[9],	ης,	ησι.	ες, εθι et ηθι,	ετω.	ειην,	ειης,	ειη.
		P.	εμεν,	ετε,	εισι[10].	ετε,	ετωσαν.	ειμεν[11],	ειτε,	ειησαν.
		D.		ετον,	ετον.	ετον,	ετων.		ειητον,	ειητην.
	Imparfait.	S.	ην,	ης,	η.					
		P.	ημεν,	ητε,	ησαν[14].	Hors de l'indicatif, l'imparfait, dans tous					
		D.		ητον,	ητην.						
de ΟΩ.	Présent.	S.	ωμι,	ως,	ωσι.	ος, οθι,	οτω.	οιην[17],	οιης,	οιη.
		P.	ομεν,	οτε,	οοι[13].	οτε,	οτωσαν[16].	οιμεν,	οιτε,	οιησαι.
					ωσι.			οιημεν,	οιητε,	οιησαι.
		D.		οτον,	οτον.	οτον,	οτων.		οιητον,	οιητην.
								οιητον,	οιητην.
	Imparfait.	S.	οην[20],	οης,	οη.					
			ων,	ως,	ω.					
		P.	οημεν,	οητε,	οησαν.	Hors de l'indicatif, l'imparfait, dans tous					
			ωμεν,	ωτε,	ωσαν.						
		D.		οητον,	οητην.						
				ωτον,	ωτην.						
de ΥΩ.	Présent.	S.	υμι,	υς,	υσι[21].	υ, υθι,	υτω.	οιην[22],	οις,	οι.
		P.	υμεν,	υτε,	υσι.	υτε,	υτωσαν.	οιμεν,	οιτε,	οιην.
		D.		υτον,	υτον.	υτον,	υτων.		οιτον,	οιτην.
	Imparfait.	S.	υν,	υς,	υ.					
			υν,	υς,	υ.						
		P.	υμεν,	υτε,	υσαν.	Hors de l'indicatif, l'imparfait, dans tous					
			υμεν,	υτε,	υσαν.						
		D.		υτον,	υτην.						
				υτον,	υτην.						

OBSERVATIONS SUR LE VERBE EN ΗΜΙ.

9 Remarquez les longues η et ω dans τιθημι et διδωμι. On a dit τιθεμι, puis τιθεμι, et enfin τιθημι; διδομι, διδομι, puis διδωμι. Lenn, Anal. p. 315. — 10 Εισι, Ion. εασι. Voy. Port-Royal, p. 243. — 11 Εμμεν, ειντε, εινσαν, et par contr. ειμεν, ειτε, εισαν, et par sync. attique, εεν; voyez le Tableau de ειμι. Ειντον, ειντω, et par contr. ειτον, ειτην; voyez Observations n.º 2 sur le verbe ειμι. — 12 Εναι ou ενναι et ηναι, Ion. εμεν, Dor. εμεναι. Port-Royal, p. 255. — 13 Εις, et prim. εντς (ou εοντς) qui conduit au génit. εντος, dat. εντι, nomin. plur. εντες, dat. εντσι, εεσι, puis εισι. — 14 Hωσι ou ησι, Voyez Port-Royal, p. 248, et les Observ. sur ces Tableaux; et, sur les désinences du pluriel et du duel des présent, imparfait, et 2.º aoriste des trois verbes τιθημι, ιημι, διδωμι, p. 103, l. 1 sq. de ma Gramm, gr. 5.ᵉ édit.

UBJONCTIF.	INFINIT.	PARTICIPE.	
ει, α.	αναι.	ας 7, αασα, αν.	
ειη, οσι.	αμεν Ion.	αντος, ασης, αντος.	
εων, αωσι.	αμεναι D.	αντι, αση, αντι.	

... modes, est entièrement conforme au présent.

εις, υ.	εναι 14.	εις 15, εισα, εν.	
ειη, οσι.	εναι.	εντος, εισης, εντος.	
εων, εωσι.	ηναι.	εντι, εισση, εντι.	

... modes, est entièrement conforme au présent.

οις, υ.	οναι 18.	ους 19, ουσα, ον.	
	ооναι.	οντος, ουσης, οντος.	
εων, εωσι.	ουναι.		

... modes, est entièrement conforme au présent.

υις, υυ.	υναι.	υς 23, υσα, υν.	
υιη, υσι.		υντος, υσης, υντος.	
υεων, υεωσι.			

... modes, est entièrement conforme au présent.

OBSERVATIONS
SUR LE VERBE EN AMI.

[1] Comme les Grecs, les Latins ont dit *inquami*, puis, par apocope, *inquam*. — [2] Au lieu de σι, les Doriens disent τι. Ainsi les Latins ont dit, *amati, doceti, auditi*, et par apocope, *amat, docet, audit*. — [3] Remarquez ααι, 3.e personne du sing., et αωι, 3.e pers. du plur. Le premier est sans contraction; le second est contracté de ααοι. A la 3.e personne du plur. pourquoi a-t-on doublé l'α et dit ιςααι, et par contr. ιςαι? probablement pour établir une différence entre ιςααι, *statuit*, et ιςαι, *statuunt*. La différence existe pour ceux qui, au lieu de ιςαμι, ιςας, ιςαοι (qui est très-exact, venant de ςαμι), disent ιςημι, ιςης, ιςηοι. Αοι (ιςαοι, *statuunt*) est pour ααοι; εισι (τιθεισι) pour τιθι; ουσι (διδουσι) pour οοσι; ῦσι (ζευγνῦσι) pour υοσι. *Voy.* Lenn. Anal. p. 316. Au lieu de ιςανι, τιθεισι, διδουσι, ζευγνυσι, les Doriens disent ιςαντι, τιθεντι, διδοντι, ζευγνυντι, d'où par apoc. ιςαντ, τιθεντ, διδοντ, ζευγνυντ, terminaisons que nous retrouvons dans *amant, docent, legunt*. En réfléchissant bien sur les désinences du verbe en ω et du verbe en μι, on y retrouvera celles du verbe latin. — [4] Αθι, et, par apocope, α; ainsi ιςα pour ιςαθι. *Voyez* Port-Royal, p. 253. — [5] Ατωσαν; Attiq. αντων. — [6] Αιμεν, αιητι, αινοσι, et par contr. αιμεν, αιτε, αιοιι; duel, αιητον, αιητην, et par contr. αιτον, αιτην. — [7] Ας, et primitif, αντς, qui nous conduit au génitif αντος; plur. nomin. αντς; dat. αντοι; ôtez la nasale ν et la dentale τ, vous avez ααι, et par contr. ααι. — [8] Αοσι, et par sync. αν. *Voyez* Port-Royal, p. 248.

OBSERVATIONS SUR LE VERBE EN ΩMI.

[15] Οοι ou αοι, Ion. οαοι, Dor. οαοι. — [16] Οτωσαι, Attiq. οντων. — [17] Οιην, οιης, οιη, et φην, φης, φη; ... οιημεν, par sync. οιην et φεν; et φημεν, φητε, φησατε; οιητον, οιητην, et φητων, φητην. — Οιαι, οοναι, οουναι, Ion. ομεν, Dor. ομεναι. — [19] Ους, et prim. οντς, qui conduit au génit. οντος; dat. nomin. plur. οντς; dat. οντοι, οσι, et par contr. ουσι. — [20] Ονς, ονς, ον; et ωι, ως, ω; ομεν, ... ομεν, φητε, φοσι; Béot. φοι, Ion. ωει et φηντι, οντην, et ωσον, ωτην, puis οτον, οτην; puis ... οτι, οσαι.

OBSERVATIONS SUR LE VERBE EN ΥMI.

[21] Υοι, Dor. υαι, et Ion. υαοι. — [22] Les verbes en υμι, disent P. Royal p. 239, et Weller, p. 169, ... par eux-mêmes ni opt. ni subj.; ils prennent donc l'opt. du verbe en ω. — [23] Υς, et prim. υντς, ... où le gén. υντος; nom. plur. υντς, d'où le dat. plur. υντοι, puis, ôtant la nasale et la dentale, υοι, ... par contr. υοι.

MODES.

TEMPS.	INDICATIF.			IMPÉRATIF.		OPTATIF.		
Présent........	S. ἀω*, P. ἀομεν, D.	ἀεις, ῶς, ἀετε, ἀετον, ἄτον,	ἀει. ᾳ. ἀουσι. ἀετον. ἄτον.	αε, α, ἀετε, ἄτε, ἀετον,	ἀετω. αιτω. ἀετωσαν. ἀτωσαν. ἀετων. ἄτων.	ἀοιμι, ῶς, ἀοιμεν, ῶμεν,	ἀοις, ῷς, ἀοιτε, ῶτε, ἀοιτον, ῷτον,	ἀοι. ῷ. ἀοιεν. ῷεν. ἀοιτην. ῷτην.
Imparfait......	S. αον, P. ἀομεν, D.	αες, ας, ἀετε, ἄτε, ἀετον, ἄτον.	αε. α. αον. ω. ἀετην. ἄτην.	Hors de l'indicatif, l'imparfait, dans tous				
Présent........	S. εω, P. εομεν, D.	εεις, εις, εετε, ειτε, εετον, ειτον,	εει. ει. εουσι. ουσι. εετον. ειτον.	εε, ει, εετε, ειτε, εετον,	εετω. ειτω. εετωσαν. ειτωσαν. εετων. ειτων.	εοιμι, οιμι, εοιμεν, οιμεν,	εοις, οις, εοιτε, οιτε, εοιτον, οιτον,	εοι. οι. εοιεν. οιεν. εοιτην. οιτην.
Imparfait......	S. εον, P. εομεν, D.	εες, εις, εετε, ειτε, εετον, ειτον,	εε. ει. εον. ουν. εετην. ειτην.	Hors de l'indicatif, l'imparfait, dans tous				
Présent........	S. οω, P. οομεν, D.	οεις, οις, οετε, ουτε, οετον, οϋτον,	οει. οι. οουσι. ουσι. οετον. ουτον.	οε, ου, οετε, ουτε, οετον,	οετω. ουτω. οετωσαν. ουτωσαν. οετων. ουτων.	οοιμι, οιμι, οοιμεν, οιμεν,	οοις, οις, οοιτε, οιτε, οοιτον, οιτον,	οοι. οι. οοιεν. οιεν. οοιτην. οιτην.
Imparfait......	S. οον, P. οομεν, D.	οες, ους, οετε, ουτε, οετον, ουτον.	οε. ου. οον. ουν. οετην. ουτην.	Hors de l'indicatif, l'imparfait, dans tous				

* Sur ἀω conjuguez ἠμάω-ῶ, j'honore ; sur εω, φιλέω, j'aime ; sur ὀω, δηλόω, je rends clair. — On reconnoît ημω, ημος, dans amo, amas. Quant à amat, il vient des Doriens (Voy. 4.ᵉ Tableau.

SUBJONCTIF.		INFIN.	PARTICIPE.
ᾶμ.			ἀῶν, ἀοντος.
ᾶ.			ἀῶ, ῶντος.
ἀωσι,		ἀειν,	ἀουσα, ἀουσης.
ῶσι,		ᾶν,	ῶσα, ῶσης.
ἀητον,			ἀον, ἀοντος.
ᾶτον.			ῶν, ῶντος.

... modes, est entièrement conforme au présent.

ᾶς,	ἐη,		ἐων, ἐοντος.
ᾶ,	ῆ,		ῶν, ῶντος.
ἀωσι,	ἐητε,	ἐειν,	ἀουσα, ἐουσης.
ῶσι,	εῖτε,	εῖν,	οῦσα, οὐσης.
ἀωσι,	ἐητον,		ἐον, ἐοντος.
ᾶσι,	ῆτον.		οῦν, οὐντος.

... modes, est entièrement conforme au présent.

ᾶς,	ὀη,		ὀῶν, ὀοντος.
ᾶ,	ῶ,		ῶν, ῶντος.
ἐωσι,	ὀειν,	ὀουσα, οουσης.
ῶσι,	οῦν,	ῶσα, ῶσης.
ἀωτη,	ὀητον,		ὀον, ἐοντος.
ᾶτον.	ῶτον,		οῦν, οὐντος.

... modes, est entièrement conforme au présent.

... 2). La langue espagnole imite en entier les désinences ω, ας, α; car elle dit : amo, amas, ...

OBSERVATIONS.

On appelle ces verbes circonflexes, à cause de leur accent, ou contractes, parce qu'en les conjuguant au prés. et à l'imparf. on contracte deux syllabes en une. — Cette contraction se fait toujours de leur figurative α, ε, ο, avec la voyelle ou diphthongue de la terminaison. — Il n'y a de contraction qu'au présent et à l'imparfait.

Principes de contraction.

I. Dans les verbes en αω, — 1.° αω, αο, αου, se contractent en ω; exemp., ημαω-ω; ημαομεν-ωμεν; ημαουσι-ωσι. — 2.° αοι en ῳ avec ι souscrit; ex., ημαοιμι-ωμι. — 3.° αε et αη, en α, sans ι souscrit, parce qu'il n'y a pas d'iota avant la contraction; ex. ημαε-α; ημαηπ-απ. — 4.° αει, αῃ, en α avec ι souscrit; ex., ημαεις-ᾶς; ημαης-ᾶς.

II. Dans les verbes en εω, 1.° ε se retranche devant η, α, et devant toutes les diphthongues; ex., φιλ εω-ω; φιλ εης-ῆς; φιλεοιμι-οῖμι. — 2.° εε se contracte en ει; εο en ου; ex., φιλεε-ει, φιλ εον-οῦν.

III. Dans les verbes en οω, 1.° οω, οη, se contractent en ω; ex., δηλοω-ω; δηλοητε-ῶτε. — 2.° οε, οο et ου, en ου; ex., δηλοε-ου; εδηλοον-ουν. — 3.° οοι et οη avec ι souscrit, en οι; ex., δηλοοιμι-οῖμι; δηλ οης-οῖς. — 4.° οει οη en οι; ex., δηλοει-οι. A l'inf. on dit δηλοειν-οῦν: mais δηλοῦν se contracte, non comme le dit P. Royal, p. 221, de δηλοειν, parce que l'ι en contraction ne se perd jamais, mais de l'infinitif dorien δηλοω.

Ces règles de contraction sont pour l'actif, le passif et le moyen. Voyez les Miscellanea de mes Essais sur les Désin.

TABLEAU SYNOPTIQUE DES VOIX ACTIVE, PASSIVE ET MOYENNE.

VOIX ACTIVE.

TEMPS.	INDIC.	IMPÉR.	OPT.	SUBJ.	INF.	PART.
Présent...						
Imparfait..	Hors de l'indicatif, l'imparfait, dans tous ses modes, est entièrement conforme au présent.					
Parfait....						
Plusq.-Parf.	Hors de l'indicatif, le plusque-parf., dans tous ses modes, est entièrement conforme au parfait.					
1 Aoriste...						
2 Aoriste...						
1 Futur....		Caret.	Caret.			
2 Futur...		Caret.	Caret.			

VOIX PASSIVE.

TEMPS.	INDICATIF.	IMPÉR.	OPTATIF.	SUBJONCTIF.	INF.	PARTICIPE.
Présent...						
Imparf...	Hors de l'indicatif, l'imparfait, dans tous ses modes, est entièrement conforme au présent.					
Parfait..						
Plusq.-P.	Hors de l'indicatif, le plusque-parfait, dans tous ses modes, est entièrement conforme au parfait.					
1 Aoriste.						
2 Aoriste						
1 Futur..		Caret.		Caret.		
2 Futur..		Caret.		Caret.		

VOIX MOYENNE.

TEMPS.	INDICATIF.	IMPÉR.	OPT.	SUBJ.	INF.	PARTICIPE.
Présent...						
Imparfait.	Hors de l'indicatif, l'imparfait, dans tous ses modes, est entièrement conforme au présent.					
Parfait...						
Plusq.-Parf.	Hors de l'indicatif, le plusque-parfait, dans tous ses modes, est entièrement conforme au parfait.					
1 Aoriste..						
2 Aoriste..						
1 Futur...		Caret.	Caret.			
3 Futur...		Caret.	Caret.			

* Je n'ai donné ici ni les duels, ni le 3.ᵉ futur passif (voyez Gramm. gr. liv. III, ch. 1, sur les trois futurs passifs); on les trouvera dans les nouveaux Tableaux.

www.ingramcontent.com/pod-product-compliance
Lightning Source LLC
Chambersburg PA
CBHW060816280326
41934CB00010B/2719